Libro de cocina para la dieta de la cirrosis: recetas nutritivas para la salud del hígado

CURAR DELICIOSAMENTE EL HÍGADO: UN LIBRO DE COCINA RICO EN NUTRIENTES PARA CONTROLAR LA CIRROSIS Y PROMOVER EL BIENESTAR

DR. VÁLEZ

ABSTRACTO

El "Libro de cocina para la dieta de la cirrosis" presenta una variedad de comidas exquisitas desarrolladas específicamente para personas que padecen cirrosis. Desde recetas ricas en nutrientes hasta placeres beneficiosos para el hígado, este libro de cocina se esfuerza por aumentar el bienestar general. Descubra un viaje placentero para el paladar que no solo nutre sino que también hace que la experiencia culinaria sea placentera y al mismo tiempo favorece la salud y el vigor del hígado.

INTRODUCCIÓN

Bienvenido al "Libro de cocina para la dieta de la cirrosis: recetas nutritivas para la salud del hígado", un viaje culinario dedicado a quienes enfrentan los desafíos de la salud del hígado. Este libro de cocina único está diseñado con cuidado y habilidad para brindar una maravillosa variedad de comidas diseñadas para ayudar a las personas con cirrosis.

El camino hacia la salud del hígado suele implicar una revisión de la elección de alimentos. Las recetas de este libro están preparadas minuciosamente no sólo para satisfacer las demandas nutricionales de las personas con cirrosis sino también para transformar la experiencia culinaria en un componente positivo y alegre de sus vidas. Controlar la cirrosis puede dar miedo, pero adoptar una dieta saludable es un paso clave para mejorar el bienestar general.

Cada receta del "Libro de cocina para la dieta de la cirrosis" es un monumento a la noción de que una cocina limpia y deliciosa puede ser la piedra angular de la salud. Desde el desayuno hasta la cena y todo lo demás, estas recetas se centran en elementos que se consideran útiles para la salud del hígado. El énfasis está en comidas equilibradas y ricas en nutrientes que satisfagan tanto las papilas gustativas como las necesidades nutricionales del cuerpo.

Además de las deliciosas recetas, este libro de cocina incluye información sobre los conceptos de una dieta saludable para el hígado. Enseña a los lectores sobre los nutrientes que mejoran la salud del hígado e incluye consejos sobre la planificación y preparación de comidas. Ya sea que usted mismo esté sorteando los obstáculos de la cirrosis o ayudando a un ser querido en este camino, el " Libro de cocina de la dieta para la cirrosis" le proporciona una guía práctica y deliciosa para adoptar un estilo de vida que respalde la salud del hígado.

A medida que explore estas páginas, aprenderá que nutrir su cuerpo y satisfacer sus sentidos del gusto pueden ir de la mano. "Cirrosis Cuisine" no es sólo un libro de cocina; es un compañero en el camino hacia el bienestar, que ilustra que con los ingredientes correctos y un toque de estilo culinario, controlar la cirrosis puede ser una experiencia sabrosa y gratificante.

Tabla de contenido

CAPÍTULOS

1. Comprensión de la cirrosis: una descripción completa de la cirrosis, su impacto en el hígado y la importancia de la nutrición para controlar los síntomas.

2. The Liver-Friendly Pantry: Una guía para llenar su cocina con ingredientes ricos en nutrientes que apoyan la salud del hígado.

3. Potenciadores del desayuno: recetas de desayuno energizantes y nutritivas para el hígado para comenzar el día con una nota positiva.

4. Sorbos suaves y tés curativos: explore bebidas relajantes que ayuden al bienestar del hígado.

5. Aperitivos para la vitalidad: Aperitivos aptos para el hígado, deliciosos y saludables.

6. Ensaladas para el bienestar: Las ensaladas llenas de nutrientes están destinadas a mejorar la función hepática y el bienestar general.

7. Sopas y guisos saludables: Comidas reconfortantes que aportan calidez y

nutrición, incorporando ingredientes buenos para el hígado.

8. Platos principales para fortalecer: comidas sabrosas y equilibradas elaboradas para mejorar la salud del hígado.

9. Delicias vegetarianas: una recopilación de comidas sin carne ricas en nutrientes de origen vegetal para mejorar la función hepática.

10. Selecciones de mariscos para omega-3: explore platos que incorporen mariscos ricos en omega-3,

conocidos por su buen impacto en la salud del hígado.

11. Meriendas inteligentes: aprenda a satisfacer los antojos con alimentos que corresponden a una dieta saludable para el hígado.

12. Dulces con Propósito: Postres que resaltan elementos esenciales para la función hepática sin comprometer el sabor.

13. Bebidas para la desintoxicación del hígado: Bebidas refrescantes y

depurativas que complementan un estilo de vida consciente del hígado.

14. Planificación de comidas para el manejo de la cirrosis: consejos prácticos y orientación sobre la planificación de comidas para un mejor apoyo hepático.

15. Celebrando el equilibrio: reuniéndolo todo con una variedad de platos completos que muestran la deliciosa armonía de la comida consciente de la cirrosis.

Capítulo 1

Comprensión de la cirrosis: una descripción general completa

La cirrosis es una afección hepática crónica y progresiva caracterizada por la sustitución del tejido hepático bueno por tejido cicatricial. Esta cicatrización irreversible obstaculiza la capacidad del hígado para funcionar eficazmente, interrumpiendo actividades clave como la desintoxicación, el almacenamiento de nutrientes y la generación de proteínas importantes para la coagulación de la sangre. A medida que profundizamos en esta complicada dolencia, investigaremos las causas, los síntomas y las complicaciones de la cirrosis, arrojando luz sobre el papel vital que juega la nutrición en el control de sus síntomas.

I. El hígado: un órgano vital

El hígado es un órgano multipropósito crucial para nuestra salud en general. Ubicado en la parte superior derecha del abdomen, cumple numerosas actividades críticas, incluida la metabolización de los nutrientes, la desintoxicación de sustancias tóxicas y la generación de proteínas necesarias para la coagulación de la sangre. La cirrosis afecta estas funciones, lo que genera una cascada de consecuencias para la salud.

II. Causas de la cirrosis

La cirrosis puede provenir de multitud de fuentes, cada una de las cuales contribuye a la lenta degradación del tejido hepático. El abuso crónico de alcohol, la hepatitis viral (B, C y D), la enfermedad del hígado graso no alcohólico (NAFLD) y los trastornos autoinmunes son contribuyentes comunes. Comprender la razón fundamental es vital para crear un plan de gestión eficaz.

III. Síntomas y etapas de la cirrosis

En sus primeras etapas, la cirrosis puede ser asintomática, lo que dificulta su detección. A medida que avanza la afección, los síntomas pueden incluir fatiga, debilidad, aparición de moretones con facilidad e hinchazón en las piernas y el abdomen. Comprender estos indicadores es crucial para una intervención temprana. La cirrosis se clasifica con frecuencia en etapas, que van de lev e a grave, y cada etapa determina el grado de los síntomas y la necesidad de intervención médica.

IV. Complicaciones de la cirrosis

Las complicaciones que se desarrollan a partir de la cirrosis pueden ser graves y poner en peligro la vida. La hipertensión portal, un trastorno en el que se impide el flujo sanguíneo a través del hígado, puede tener consecuencias como várices (venas agrandadas) y ascitis (acumulación de líquido en el abdomen). Además, una función hepática deficiente puede provocar encefalopatía hepática, un trastorno caracterizado por disfunción cognitiva debido a la acumulación de toxinas en el torrente sanguíneo.

V. Papel de la nutrición en el tratamiento de la cirrosis

Una dieta adecuada tiene un papel crucial en el control de la cirrosis. Una dieta bien equilibrada ayuda a aliviar los síntomas, promover la función hepática y mejorar el bienestar general. Sin embargo, los pacientes con cirrosis generalmente tienen problemas relacionados con la ingesta de alimentos y el metabolismo. Por tanto, se necesita una estrategia nutricional especializada.

VI. Pautas dietéticas para la cirrosis

Una dieta adecuada para la cirrosis se centra en minimizar la carga del hígado y, al mismo tiempo, proporcionar suficiente alimento. Una dieta baja en sodio ayuda a regular la retención de líquidos, mientras que el consumo moderado de proteínas favorece la salud y la regeneración de los músculos. Los carbohidratos de cereales integrales brindan energía continua y las grasas saludables ayudan en la absorción de nutrientes.

VII. Gestión de fluidos

Como la cirrosis puede provocar retención de líquidos, controlar y regular la ingesta de líquidos se vuelve fundamental. Limitar el sodio ayuda a controlar el edema y la ascitis. Los proveedores de atención médica pueden ofrecer diuréticos para ayudar en el equilibrio de líquidos, enfatizando la importancia de una estrecha supervisión médica.

VIII. Ingesta de proteínas y
mantenimiento muscular

La proteína es necesaria para mantener la masa muscular, pero cantidades excesivas pueden sobrecargar el hígado. Lograr un equilibrio es clave. Las fuentes de proteínas de alta calidad, como las carnes magras, los mariscos y las proteínas de origen vegetal, aportan los aminoácidos necesarios para la salud muscular sin abrumar al hígado.

IX. Suplementación de vitaminas y minerales

La cirrosis puede limitar la absorción de algunas vitaminas y minerales. Se pueden recetar suplementos de minerales críticos, incluidas las vitaminas del complejo B, la vitamina D y el zinc, para tratar las deficiencias y mejorar la salud en general.

X. Seguimiento y Planes de Nutrición Individualizados

El seguimiento regular del estado nutricional es fundamental para las personas con cirrosis. Los expertos en atención médica pueden colaborar con los nutricionistas para establecer regímenes individualizados basados en las necesidades específicas del individuo, proporcionando una ingesta nutricional adecuada y minimizando el estrés en el hígado.

XI. Modificaciones de estilo de vida

Más allá de las consideraciones nutricionales, los ajustes en el estilo de vida son cruciales para el tratamiento de la cirrosis. La abstinencia de alcohol es primordial para las personas con cirrosis alcohólica. Mantener un peso saludable y realizar ejercicio moderado y frecuente puede contribuir aún más al bienestar general.

XII. Enfoque de atención colaborativa

El tratamiento de la cirrosis implica un enfoque multidisciplinario que combina hepatólogos, dietistas y otros especialistas de la salud. Los esfuerzos colaborativos garantizan una estrategia holística que aborde los elementos médicos, dietéticos y emocionales del problema.

Conclusión

Comprender la cirrosis es fundamental tanto para las personas diagnosticadas con el trastorno como para quienes participan en su atención. Esta descripción general completa ha abordado los matices de la cirrosis, desde sus causas y síntomas hasta la función crucial de la nutrición en la regulación de su influencia sobre el hígado. Al combinar la experiencia médica con dietas nutricionales individualizadas y mejoras en el estilo de vida, las personas con cirrosis

pueden mejorar su calidad de vida y
superar los desafíos que ofrece esta
complicada afección con perseverancia
y esperanza.

Capitulo 2

*La despensa beneficiosa para el
hígado: una guía de
ingredientes ricos en nutrientes
para la salud del hígado*

Una cocina bien surtida es la piedra
angular para mantener una dieta
respetuosa con el hígado que respalde
la salud general y mitigue el impacto de
las enfermedades relacionadas con el
hígado. En esta guía completa,
exploraremos los componentes básicos

de una despensa saludable para el hígado, enfatizando los productos ricos en nutrientes conocidos por sus buenos beneficios para la función hepática.

I. Comprender la importancia de una despensa amigable con el hígado

El hígado, un órgano clave involucrado en diferentes actividades metabólicas, es particularmente susceptible a la calidad de la nutrición que recibe. Una despensa respetuosa con el hígado sirve como base para producir comidas que no sólo nutren el cuerpo sino que también reducen la presión sobre este órgano esencial.

II. Cereales integrales: la fuente inagotable de fibra

Los cereales integrales son un componente crucial de una despensa saludable para el hígado. Ricos en fibra, mejoran la digestión y ayudan a controlar los niveles de azúcar en sangre, reduciendo el riesgo de enfermedad del hígado graso no alcohólico (NAFLD). La quinua, el arroz integral y la pasta integral son opciones maravillosas que brindan energía continua sin producir aumentos en el azúcar en la sangre.

III. Proteínas magras para el mantenimiento muscular

Las proteínas son cruciales para mantener la masa muscular, pero la fuente y la cantidad son importantes, especialmente para personas con problemas hepáticos. Las proteínas magras como las aves sin piel, el pescado, el tofu y las lentejas son alternativas ideales. Estas proteínas suministran los aminoácidos necesarios para el mantenimiento de los músculos sin sobrecargar el hígado con un procesamiento excesivo.

IV. Ácidos grasos omega-3: los héroes antiinflamatorios

Los ácidos grasos omega-3, reconocidos por sus efectos antiinflamatorios, desempeñan un papel fundamental en la salud del hígado. Llene su alacena con mariscos grasos como salmón, semillas de chía y semillas de lino. Estas sustancias no sólo reducen la inflamación en el hígado sino que también contribuyen al bienestar cardiovascular general.

V. Frutas y verduras frescas: un arcoíris de nutrientes

Las frutas y verduras coloridas aportan una variedad de antioxidantes y vitaminas importantes para la función hepática. Incorpore una variedad de alimentos, incluidas verduras de hojas verdes como las espinacas, bayas con alto contenido de antioxidantes y verduras crucíferas como el brócoli y las coles de Bruselas. Estas comidas ricas en nutrientes promueven la función hepática y contribuyen al bienestar general.

VI. Opciones bajas en sodio: manejo del equilibrio de líquidos

Las personas con problemas hepáticos a menudo experimentan desafíos relacionados con la retención de líquidos. Optar por opciones bajas en sodio ayuda a controlar el equilibrio de líquidos y minimiza el riesgo de complicaciones como la ascitis. Explore las verduras, legumbres y caldos enlatados bajos en sodio como elementos esenciales de la despensa.

VII. Grasas saludables: nutriendo el hígado

No todas las grasas son iguales, y una despensa apta para el hígado debe incluir fuentes de grasas buenas que ayuden al funcionamiento del hígado. El aceite de oliva, los aguacates y las nueces proporcionan grasas monoinsaturadas que ayudan a lograr un perfil lipídico equilibrado y respaldan las funciones del hígado.

VIII. Hierbas y especias: medicina sabrosa

Las hierbas y especias no sólo realzan el sabor de los platos sino que también ofrecen beneficios terapéuticos. La cúrcuma, reconocida por sus beneficios antiinflamatorios, y el ajo, que favorece la función hepática, son valiosas adiciones a una despensa saludable para el hígado. Experimente con una variedad de hierbas y especias para agregar dimensión y beneficios para la salud a sus comidas.

IX. Alternativas lácteas ricas en nutrientes

Para quienes tienen sensibilidad a la lactosa o buscan alternativas lácteas, prueben opciones ricas en nutrientes como la leche de almendras o de soja fortificada con vitaminas y minerales. Estas alternativas brindan nutrientes vitales sin la posible influencia perjudicial sobre la función hepática asociada con el consumo excesivo de lácteos.

X. Hidratación: elección de bebidas beneficiosas para el hígado

Una hidratación adecuada es vital para la salud del hígado. El agua, las infusiones de hierbas y los jugos de frutas frescas sin azúcares añadidos son opciones maravillosas. El té verde, con sus características antioxidantes, es particularmente saludable y puede ser una valiosa adición a una despensa saludable para el hígado.

XI. Leer etiquetas: evitar culpables ocultos

El estudio cuidadoso de las etiquetas de los alimentos es vital para crear una despensa amigable con el hígado. Esté alerta a los productos químicos, conservantes y el exceso de azúcar o sodio, que pueden dañar gravemente la salud del hígado. Opte por alimentos completos y no procesados siempre que sea posible.

XII. Planificación de comidas con una despensa amigable para el hígado

La preparación eficiente de las comidas es un elemento fundamental para mantener una dieta saludable para el hígado. Utilice los ingredientes de su alacena bien surtida para preparar comidas equilibradas y saludables. Incorpora una diversidad de colores, sabores y texturas para hacer que tu dieta sea emocionante y atractiva.

XIII. Personalización y Consulta

Si bien esta guía proporciona una descripción detallada, las necesidades individuales varían. Es vital hablar con especialistas de la salud o nutricionistas para obtener asesoramiento individualizado basado en problemas de salud, preferencias y restricciones dietéticas específicas.

*XIV. Consejos de despensa
económicos y aptos para el
hígado*

Mantener una despensa amigable con el hígado no tiene por qué arruinar el dinero. Compre productos básicos al por mayor, aproveche las ofertas especiales en frutas y verduras congeladas y explore fuentes de proteínas económicas. Planificar las comidas con antelación también puede evitar el desperdicio y optimizar los recursos.

XV. Adoptar un enfoque sostenible

Además de favorecer la salud personal, una despensa respetuosa con el hígado puede coincidir con elecciones alimentarias ecológicas y éticas. Elija opciones orgánicas de origen local cuando estén disponibles, contribuyendo tanto al bienestar ambiental como al bienestar personal.

Conclusión: sentar las bases
para la salud del hígado

Una despensa apta para el hígado es más que una colección de artículos; es un compromiso con alimentar tu cuerpo y priorizar la salud del hígado. Al incorporar alimentos ricos en nutrientes, una planificación cuidadosa de las comidas y opciones personalizadas, las personas pueden desarrollar una base para el bienestar general y ayudar proactivamente a su hígado en el camino hacia una salud óptima.

Capítulo 3

*Potenciadores del desayuno:
rituales matutinos energizantes
y nutritivos para el hígado*

El desayuno, frecuentemente elogiado como la comida más esencial del día, marca la pauta para sus niveles de energía y su bienestar general. Para las personas que desean mejorar la salud del hígado, preparar desayunos con productos ricos en nutrientes y nutritivos para el hígado es una excelente manera de comenzar el día con una nota positiva. En esta investigación, analizaremos la relevancia de un buen desayuno, el impacto de la nutrición matutina en la salud del hígado y una selección de recetas de desayuno vigorizantes destinadas a apoyar este órgano fundamental.

I. La importancia de un desayuno saludable

El desayuno actúa como el combustible que pone en marcha el metabolismo después de una noche de descanso. Repone los niveles de glucosa, crucial para la función cerebral, y proporciona un espectro de nutrientes que respaldan la salud general. Para las personas preocupadas por la salud del hígado, el desayuno se convierte en una importante oportunidad para ingerir alimentos que mejoren la función

hepática y limiten el estrés sobre este
órgano vital a lo largo del día.

II. La rutina matutina y la salud del hígado

El ritual de la mañana construye el
marco para el día siguiente. La
incorporación de opciones de desayuno
saludables para el hígado corresponde
a un enfoque holístico del bienestar.
Desde la ingesta de agua hasta la
ingesta de alimentos, los rituales
matutinos pueden cargar o nutrir el
hígado, alterando su capacidad para
realizar tareas clave a lo largo del día.

III. El papel del hígado en el metabolismo del desayuno

El hígado desempeña un papel crucial en la metabolización de los nutrientes extraídos del sistema digestivo, lo que hace que su salud sea parte integral del metabolismo del desayuno. Un desayuno rico en nutrientes no sólo ofrece energía instantánea sino que también apoya las complicadas actividades del hígado, asegurando un comienzo tranquilo del día.

IV. Nutrientes esenciales para la salud del hígado en los desayunos

Proteína: la incorporación de fuentes de proteínas magras como huevos, yogur griego y carnes magras proporciona los aminoácidos necesarios para la función y reparación del hígado.

Fibra: Los cereales integrales, las frutas y las verduras ricas en fibra ayudan a la digestión y controlan los niveles de azúcar en sangre, lo que reduce el riesgo de enfermedad del hígado graso no alcohólico (NAFLD).

Grasas saludables: el aguacate, las nueces y las semillas contienen grasas monoinsaturadas, que promueven un perfil lipídico saludable y favorecen la función hepática.

Antioxidantes: las bayas, los cítricos y el té verde son ricos en antioxidantes que

Combate el estrés oxidativo, beneficiando la salud del hígado.

1. Tazón de desayuno de quinua:

Ingredientes: Quinua cocida, yogur griego

Bayas mixtas - Semillas de chía - Un chorrito de miel - Método: Combine la quinua, el yogur griego y las bayas en un bol. Cubra con semillas de chía y un chorrito de miel para disfrutar de un desayuno repleto de proteínas y rico en antioxidantes.

2. Tortilla de espinacas y champiñones:

Ingredientes: huevos, frescos, champiñones, espinacas, queso feta, aceite de oliva.

Método: Saltee las espinacas y los champiñones en aceite de oliva, vierta los huevos batidos y agregue el queso feta. Cocine hasta que esté listo para obtener una tortilla rica en proteínas y nutrientes.

3. Avena con Nueces y Plátano:

Ingredientes: Copos de avena, Leche o leche vegetal, Plátano en rodajas, Nueces picadas, Canela.

Método: Cocine avena con leche, cubra con rodajas de plátano, nueces y una pizca de canela para obtener un desayuno rico en fibra y omega-3.

4. Tostada De Aguacate Con Salmón Ahumado:

Ingredientes: Pan integral: aguacate maduro, salmón ahumado, jugo de limón y eneldo.

Método : Triture el aguacate sobre pan tostado, cubra con salmón ahumado, un chorrito de limón y una pizca de eneldo para un desayuno rico en grasas saludables y omega-3.

5. Pudín de semillas de chía con frutos rojos:

Ingredientes: Semillas de chía, Leche de almendras - Mezcla de frutos rojos, Extracto de vainilla - Sirope de arce (opcional)

Método: Mezcle las semillas de chía con leche de almendras, esencia de vainilla y endulce con jarabe de arce si lo desea. Refrigere durante la noche y cubra con bayas mixtas para obtener un pudín rico en nutrientes.

*VI. Consejos para una rutina de
desayuno nutritiva para el
hígado*

1. Hidrátese primero : comience el
día con un vaso de agua o té de hierbas
para impulsar la hidratación y ayudar a
las funciones desintoxicantes del
hígado.

2. Equilibre los macronutrientes :
asegure un equilibrio de proteínas,
carbohidratos y grasas saludables en su
desayuno para brindar energía

sostenida y respaldar numerosas funciones biológicas.

3. Minimiza los azúcares añadidos: opta por edulcorantes naturales como miel o jarabe de arce y minimiza los dulces procesados para reducir el riesgo de enfermedad del hígado graso.

4. Incorpore hierbas y especias : agregue sabor y beneficios para la salud con hierbas y especias como la cúrcuma, la canela y el jengibre,

reconocidas por sus efectos antiinflamatorios.

5. La variedad es clave : rote los ingredientes para garantizar una amplia gama de nutrientes y sabores, haciendo que su mañana sea

rutina atractiva y nutricionalmente densa.

VII. Abordar las restricciones y preferencias dietéticas

Para las personas con limitaciones dietéticas o gustos especiales, ajustar las recetas del desayuno es factible y vital. Ya sea que se adopte una dieta vegetariana, vegana, sin gluten o sin lácteos, existen soluciones variadas y deliciosas que se adaptan a las necesidades individuales y al mismo tiempo priorizan la salud del hígado.

VIII. Consulta con profesionales
de la salud

Las circunstancias de salud individuales pueden necesitar adaptaciones únicas en los hábitos de desayuno. Consultar con profesionales de la salud, incluidos nutricionistas y dietistas, garantiza que las selecciones de desayuno coincidan con los objetivos de salud específicos y cualquier consideración médica existente.

IX. Un enfoque holístico para la salud del hígado

En conclusión, el desayuno es la piedra angular de un enfoque equilibrado de la salud del hígado. Al adoptar productos ricos en nutrientes y nutritivos para el hígado por la mañana, las personas pueden optimizar su ingesta nutricional, promover la función hepática y establecer un tono favorable para el día siguiente. Experimente con las recetas suministradas, modifíquelas según sus preferencias y emprenda un

viaje hacia un hábito matutino
energizante y saludable para el hígado
que contribuya a su bienestar general.

Capítulo 4

Sorbos suaves y tés curativos:
navegando por bebidas
relajantes para el bienestar del
hígado

En la búsqueda del bienestar total, las bebidas que elegimos pueden desempeñar un papel crucial en el fomento de ciertos órganos, como el hígado. Los sorbos suaves y los tés terapéuticos, conocidos por sus agradables características, ofrecen una nueva ruta para ayudar a la función hepática. En esta investigación, analizaremos la relevancia de elegir bebidas calmantes, el impacto de varias hierbas en el bienestar del hígado y una guía para preparar y seleccionar tés que contribuyan a un hígado más saludable.

*I. Comprender la importancia de
las bebidas calmantes*

La elección de las bebidas suele ser
crucial para los rituales diarios, ya que
no sólo proporciona hidratación sino
también la oportunidad de introducir
sustancias químicas beneficiosas en el
cuerpo. Para las personas que deseen
priorizar el bienestar del hígado,
integrar bebidas relajantes y curativas
en su rutina puede ser una estrategia
consciente y terapéutica.

II. El papel del hígado en la desintoxicación

El hígado es una potencia a la hora de desintoxicarse. Filtra la sangre, metaboliza los nutrientes y neutraliza los venenos. Incorporar bebidas que apoyen estas actividades es vital para mantener una salud hepática saludable. Desde infusiones de hierbas hasta tés ricos en antioxidantes, el mundo de las bebidas calmantes ofrece una amplia selección de opciones para las personas que desean nutrir su hígado.

III. El impacto de las hierbas en la salud del hígado

Las hierbas se han cultivado durante milenios por sus características terapéuticas y varias ofrecen beneficios únicos para la salud del hígado. Comprender el impacto de varias hierbas en el hígado permite a las personas tomar decisiones informadas al seleccionar o crear bebidas relajantes.

IV. Tés curativos para el
bienestar del hígado

1. Té de raíz de diente de león

Beneficios: Conocido por sus efectos de limpieza del hígado, el té de raíz de diente de león estimula la digestión y ayuda a la desintoxicación del hígado.

Preparación: Remoje la raíz de diente de león seca en agua hirviendo para obtener un té fuerte y terroso.

2. Té de cardo mariano:

Beneficios: El cardo mariano es reconocido por su capacidad para preservar el hígado. El té de cardo mariano puede ayudar en la regeneración del hígado y brindar apoyo antioxidante.

Preparación: Infunda semillas de cardo mariano trituradas en agua caliente para obtener un té suave y algo a nuez.

3. Té de cúrcuma:

Beneficios: La cúrcuma contiene curcumina, reconocida por sus efectos antiinflamatorios y antioxidantes. El té de cúrcuma puede ayudar a minimizar la inflamación del hígado.

Preparación: Combine rodajas de cúrcuma fresca o cúrcuma en polvo con agua caliente y agregue un toque de pimienta negra para mejorar la absorción de la curcumina.

4. Té de jengibre:

Beneficios: El jengibre posee cualidades antiinflamatorias y antioxidantes que pueden contribuir a la salud del hígado. El té de jengibre mejora la digestión y puede aliviar las náuseas.

Preparación: Cocine a fuego lento rodajas de jengibre fresco en agua caliente para obtener un té picante y estimulante.

5. Té de menta:

Beneficios: El té de menta calma el tracto digestivo y puede ayudar a aliviar los síntomas de la indigestión, contribuyendo al bienestar general del hígado.

Preparación: Remoje hojas de menta frescas o secas en agua hirviendo para obtener un té delicioso y mentolado.

V. El té verde y la salud del hígado

El té verde, rico en catequinas y antioxidantes, ha despertado interés por sus posibles beneficios para el hígado. Las investigaciones sugieren que beber té verde puede reducir los depósitos de grasa en el hígado, lo que tiene efectos protectores contra la enfermedad del hígado graso no alcohólico (NAFLD). Incorporar té verde a tu rutina diaria puede ser una forma sabrosa de mejorar el bienestar del hígado.

VI. Hidratación y desintoxicación del hígado

Mantenerse adecuadamente hidratado es crucial para la función hepática. El agua es necesaria para eliminar las toxinas del cuerpo y favorecer numerosos procesos metabólicos en el hígado. Infusionar agua con rodajas de limón o pepino ofrece un toque delicioso a la vez que brinda beneficios de limpieza adicionales.

VII. Elaborar batidos que apoyan el hígado

Los batidos ofrecen una forma variada y deliciosa de combinar ingredientes que nutren el hígado. Incorpora frutas, verduras y hierbas reconocidas por su impacto favorable en la salud del hígado. Un batido con ingredientes como remolacha, col rizada, limón y una pizca de jengibre puede ser una adición sabrosa y llena de nutrientes a su régimen.

VIII. Infusiones de hierbas para el bienestar del hígado

Más allá de los tés típicos, las infusiones de hierbas pueden brindar un suave apoyo al hígado. La caléndula, la manzanilla y la melisa son hierbas conocidas por sus efectos calmantes. La infusión de estas hierbas en agua caliente produce bebidas aromáticas y relajantes que contribuyen al bienestar general.

IX. Moderación y consideraciones individuales

Al incorporar bebidas calmantes a su régimen, es vital enfatizar la moderación. Algunas plantas pueden interactuar con medicamentos o tener contraindicaciones para determinadas condiciones de salud. Consultar con profesionales de la salud o herbolarios garantiza que sus opciones se ajusten a sus necesidades de salud únicas.

X. Factores del estilo de vida y bienestar del hígado

Además de incorporar bebidas calmantes, adoptar un enfoque holístico para la salud del hígado requiere abordar factores del estilo de vida. El ejercicio regular, el mantenimiento de una dieta equilibrada y la reducción del consumo de alcohol son componentes clave para apoyar la salud del hígado.

XI. Consumo consciente y rituales

Beber bebidas calmantes puede ser un hábito reparador y concentrado. Tomarse un momento para apreciar el aroma, el sabor y la calidez de la bebida elegida aumenta toda la experiencia. El consumo consciente contribuye a una sensación de bienestar y tranquilidad.

XII. Explorando sabores y preferencias personales

El mundo de las bebidas relajantes es extenso y ofrece un espectro de sabores para satisfacer paladares variados. Ya sea que prefiera la terrosidad de los tés de hierbas, la solidez de los tés negros o la sutil dulzura de los tés verdes, experimentar diversos sabores le permitirá adaptar sus elecciones a sus preferencias personales y al mismo tiempo promover la salud del hígado.

XIII. Integrar bebidas relajantes
en la vida diaria

Incorporar bebidas relajantes a la vida diaria significa crear rutinas que se adapten perfectamente a su horario. Ya sea tomando un tranquilo té de hierbas antes de acostarse o comenzando el día con un refrescante té verde, encontrar oportunidades para combinar estas bebidas contribuye a un enfoque holístico para el bienestar del hígado.

XIV. Conclusión: saborear sorbos que apoyan el hígado

En conclusión, los sorbos suaves y los tés terapéuticos ofrecen un enfoque holístico y delicioso para promover la función hepática. Desde la riqueza terrosa del té de raíz de diente de león hasta la reconfortante calidez de los brebajes con infusión de jengibre, el ámbito de las bebidas calmantes presenta una amplia gama de posibilidades. Al aceptar conscientemente estas bebidas y contemplar las ventajas específicas de diversas hierbas, los individuos pueden

contribuir al bienestar de su hígado,
generando una sensación de equilibrio
y armonía en su vida diaria.

Capítulo 5

Aperitivos para la vitalidad:
eleve su paladar con delicias
beneficiosas para el hígado

Los aperitivos son el preludio de una deliciosa comida y marcan la pauta de la aventura gastronómica que sigue. Para las personas que se preocupan por la salud del hígado, desarrollar aperitivos que no sólo sean deliciosos sino también saludables se convierte en un objetivo central. En esta exploración, investigaremos la relevancia de los aperitivos aptos para el hígado, el impacto de la selección de ingredientes en el bienestar del hígado y una selección de aperitivos destinados a estimular la vitalidad y al mismo tiempo favorecer la salud del hígado.

I. El papel de los aperitivos en las experiencias culinarias

Los aperitivos funcionan como acto de apertura, atrayendo los sentidos del gusto y preparando el paladar para el plato principal. Más allá de su función culinaria, los aperitivos ofrecen la oportunidad de inyectar opciones saludables en la experiencia gastronómica. Para las personas que dan prioridad a la salud del hígado, elegir aperitivos que ayuden al bienestar general es una tarea deliciosa.

II. La importancia de las
opciones beneficiosas para el
hígado

El hígado, un órgano importante en las actividades desintoxicantes del cuerpo, exige una consideración crítica en las elecciones dietéticas. Optar por aperitivos que apoyen la salud del hígado incluye seleccionar alimentos reconocidos por su buen impacto en este órgano crucial. Al combinar sabores, texturas y minerales, los aperitivos aptos para el hígado no sólo deleitan el paladar sino que también contribuyen a la vitalidad general.

III. Ingredientes ricos en
nutrientes para aperitivos aptos
para el hígado

1. aguacate

Beneficios: Ricos en grasas monoinsaturadas, los aguacates proporcionan una fuente de grasas saludables que ayudan a la función hepática. También incluyen vitaminas y antioxidantes beneficiosos para la salud en general.

2. Nueces

Beneficios: Las nueces son una fuente de ácidos grasos omega-3, conocidos por sus cualidades antiinflamatorias. Estos frutos secos contribuyen a una dieta saludable para el corazón y pueden ayudar al funcionamiento del hígado.

3. Verduras de hojas verdes

Beneficios: las espinacas, la col rizada y otras verduras de hojas verdes están repletas de vitaminas, minerales y antioxidantes. Su contenido de fibra favorece la digestión y favorece un intestino sano, por lo que ayuda al hígado.

4. Proteínas magras

Beneficios: Optar por fuentes de proteínas magras como pollo, pavo o tofu a la parrilla en los aperitivos proporciona los aminoácidos necesarios para el mantenimiento de los músculos sin sobrecargar el hígado.

5. Hierbas y especias

Beneficios: La incorporación de hierbas y especias como la cúrcuma, el jengibre y el ajo no solo aumenta el sabor sino que también aporta características antiinflamatorias y antioxidantes, lo que mejora la función hepática.

IV. Ideas de aperitivos aptos
para el hígado

1. Dip de aguacate y nueces

Ingredientes: Aguacates maduros Nueces, Yogur griego, Zumo de limón, Cilantro fresco.

Método: Licue aguacates, nueces, yogur griego, jugo de limón y cilantro para obtener una salsa cremosa. Sirva con palitos de verduras para obtener un aperitivo lleno de nutrientes.

2. Pellizco y champiñones rellenos de queso feta

Ingredientes: Champiñones, Espinacas frescas, Queso feta, Ajo, Aceite de oliva.

Método: Saltee las espinacas y el ajo, mezcle con el queso feta desmenuzado y rellene los champiñones. Hornee hasta que los champiñones estén suaves para obtener un aperitivo sabroso y saludable.

3. Brochetas de pollo a la parrilla con adobo de cúrcuma

Ingredientes: Trozos de pechuga de pollo, Aceite de oliva, Cúrcuma en polvo, Pimentón, Comino.

Método: Marinar los trozos de pollo en una mezcla de aceite de oliva, cúrcuma, pimentón y comino. Brocheta y parrilla para un aperitivo lleno de proteínas con efectos antiinflamatorios.

4. Crostini de pesto de col rizada y nueces

Ingredientes: Col rizada fresca, Nueces, Queso parmesano, Ajo, Rebanadas de baguette integral.

Método: Licue la col rizada, las nueces, el parmesano y el ajo para producir un pesto. Unte sobre rebanadas de baguette integral para obtener un aperitivo crujiente y rico en nutrientes.

5. Cóctel de camarones con cúrcuma y jengibre:

Ingredientes: Camarones pelados y desvenados, Cúrcuma, Jengibre rallado, Jugo de lima, Cilantro para decorar

Método: Marinar los camarones en cúrcuma, jengibre y jugo de lima. Cocine y sirva frío con cilantro para obtener un aperitivo agradable y antiinflamatorio.

V. Moderación y alimentación consciente

Si bien los aperitivos saludables para el hígado ayudan al bienestar general, la moderación sigue siendo crucial. Incluso los productos saludables pueden consumirse en exceso, comprometiendo el equilibrio de una dieta equilibrada. Comer conscientemente implica disfrutar cada bocado, apreciar los sabores y reconocer las señales de saciedad, lo que permite una experiencia gastronómica más consciente y placentera.

VI. Consulta con profesionales
sanitarios

Las condiciones de salud individuales y los requisitos dietéticos varían. Consultar con profesionales de la salud, en particular dietistas o nutricionistas, garantiza que las opciones de aperitivos se ajusten a los objetivos de salud específicos y a cualquier consideración médica actual.

*VII. Conclusión: saborear la
sinfonía de sabores beneficiosos
para el hígado*

En conclusión, los aperitivos para la
vitalidad ofrecen una combinación
armoniosa de placer y opciones
saludables. Al elegir productos
reconocidos por su buen impacto en la
salud del hígado, las personas pueden
enriquecer sus experiencias culinarias
mientras curan sus cuerpos. Ya sea la
riqueza cremosa de la salsa de aguacate
o el toque picante de los camarones con

cúrcuma y jengibre, los aperitivos aptos
para el hígado lo instan a apreciar la
sinfonía de sabores que contribuyen a
su vigor general.

Capítulo 6

Ensaladas para el bienestar: nutrir el cuerpo y favorecer la función hepática

Las ensaladas, frecuentemente aclamadas por su frescura y adaptabilidad, ofrecen un lienzo maravilloso para diseñar comidas llenas de nutrientes que prioricen tanto el placer como la salud. Para la intención de las personas de apoyar la función hepática y el bienestar general, el camino hacia el bienestar podría comenzar directamente en la ensaladera. En esta exploración, investigaremos el valor de las ensaladas ricas en nutrientes, el impacto de ingredientes importantes en la salud del hígado y una selección de ensaladas intensas diseñadas para aumentar su bienestar.

I. La importancia de las ensaladas llenas de nutrientes

Las ensaladas son más que una guarnición; son una gran cantidad de nutrientes que pueden nutrir el cuerpo y contribuir al bienestar general. Elegir ensaladas llenas de nutrientes significa adoptar una variedad de verduras, frutas, proteínas magras y cereales saludables, produciendo una sinfonía de sabores y texturas que nutren no sólo sus papilas gustativas sino también su hígado.

II. El papel del hígado en la digestión y la desintoxicación

El hígado desempeña un papel fundamental en la digestión y la limpieza. Absorbe los nutrientes ingeridos del sistema digestivo, metaboliza los lípidos y neutraliza los venenos. Al incluir ensaladas ricas en nutrientes en su dieta, le brinda al hígado los componentes vitales que necesita para funcionar de manera eficiente.

III. Ingredientes clave para la
salud del hígado en ensaladas

1. Verduras de hojas verdes

Beneficios: Las espinacas, la col rizada y la rúcula son ricas en vitaminas, minerales y antioxidantes. Estas verduras de hojas verdes estimulan la función hepática y ayudan al bienestar general.

2. Verduras crucíferas:

Beneficios: El brócoli, la coliflor y las coles de Bruselas tienen sustancias químicas que mejoran la desintoxicación del hígado. También son abundantes en fibra, lo que ayuda a la salud digestiva. Verduras y frutas coloridas:

Beneficios: Los pimientos morrones, las zanahorias, las bayas y los cítricos proporcionan un espectro de vitaminas y antioxidantes que contrarrestan el estrés oxidativo y la inflamación, apoyando la salud del hígado.

4. Proteínas magras

Beneficios: El pollo a la parrilla, el tofu o las lentejas aportan un refuerzo de proteínas a las ensaladas. La proteína es vital para el mantenimiento y reparación de los músculos, contribuyendo al bienestar general.

5. Grasas saludables

Beneficios: El aguacate, las nueces y las semillas contienen grasas monoinsaturadas y ácidos grasos omega-3. Estas grasas saludables

respaldan un perfil lipídico equilibrado
y tienen beneficios antiinflamatorios.

IV. Ideas de ensaladas llenas de nutrientes para el bienestar del hígado

1. Ensalada de verduras energéticas y frutos rojos

Ingredientes: Mezcla de espinacas y rúcula, frutos rojos (fresas, arándanos, frambuesas), nueces, pollo a la parrilla, aderezo de vinagreta balsámica

Método: Mezcle las espinacas, la rúcula, las bayas, las nueces y el pollo asado. Rocíe con vinagreta balsámica para obtener una ensalada refrescante y llena de nutrientes.

2. Delicia de quinua y verduras

Ingredientes: quinua cocida, tomates cherry, pepino, cebolla morada, queso feta, aderezo de tahini y limón.

Método: Combine la quinua, los tomates cherry, el pepino, la cebolla morada y el queso feta. Rocíe con un aderezo de limón y tahini para obtener una ensalada rica en proteínas y fibra.

3. Felicidad de aguacate y cítricos:

Ingredientes: Lechugas mixtas, gajos de pomelo, rodajas de aguacate, semillas de calabaza, camarones a la parrilla, aderezo de vinagreta de cítricos

Método: Organice una mezcla de verduras con gajos de pomelo, rodajas de aguacate, camarones asados y semillas de calabaza. Termine con una vinagreta de cítricos para obtener una ensalada sabrosa y llena de nutrientes.

4. Crujiente de brócoli y garbanzos:

Ingredientes: Floretes de brócoli (blanqueados), garbanzos (asados), tomates cherry, pimiento rojo, semillas de girasol, aderezo de yogur griego

Método: Combine brócoli blanqueado, garbanzos asados, tomates cherry, pimiento rojo y semillas de girasol. Rocíe con un aderezo de yogur griego para obtener una ensalada crujiente y rica en proteínas.

5. Ensalada De Mango, Tango Y Quinua

Ingredientes: Quinua, trozos de mango, cebolla morada, frijoles negros, aguacate, aderezo de cilantro y lima

Método: Mezcle la quinua cocida con trozos de mango, cebolla morada, frijoles negros y aguacate. Mézclelo con un aderezo de cilantro y lima para disfrutar de un placer tropical y lleno de nutrientes.

V. Equilibrio de sabores y
texturas

Una ensalada bien elaborada emociona los sentidos con una mezcla de sabores y texturas. La incorporación de una variedad de características crujientes, cremosas y masticables hace que la experiencia de comer sea entretenida y al mismo tiempo garantiza un perfil nutritivo diversificado.

VI. Control de porciones y disfrute

Si bien las ensaladas ricas en nutrientes ayudan al bienestar general, es vital controlar las porciones. Saborear cada bocado con cuidado y comprender las señales de saciedad ofrece una experiencia gastronómica más placentera y consciente de la salud.

VII. Consulta con profesionales sanitarios

Las necesidades dietéticas individuales y los factores de salud difieren. Consultar con profesionales de la salud, como dietistas o nutricionistas, garantiza que sus selecciones de ensaladas se correspondan con sus objetivos de salud únicos y cualquier problema médico existente.

VIII. Conclusión: aumentar el bienestar, una ensalada a la vez

En conclusión, las ensaladas para el bienestar ofrecen un enfoque brillante y delicioso para mejorar la función hepática y la salud general. Al adoptar productos llenos de nutrientes y preparar ensaladas que exciten las papilas gustativas, puede comenzar un camino de bienestar que nutre tanto el cuerpo como el alma. Eleva tu bienestar con cada bocado, saboreando la sinfonía de sabores que contribuyen a

una existencia sana y consciente de la
salud.

Capítulo 7

Sopas y guisos saludables: confort nutritivo para la salud del hígado

Las sopas y guisos, con su calidez y ricos sabores, ofrecen más que simplemente reconfortante en un día frío: pueden ser una fuente de nutrientes para el cuerpo, especialmente cuando se elaboran con ingredientes conocidos por mejorar la salud del hígado. En esta investigación, analizaremos el valor de las sopas y guisos nutritivos, el impacto de los componentes esenciales en el bienestar del hígado y una variedad de platos reconfortantes diseñados para brindar calidez y alimento.

I. La simbiosis de comodidad y
nutrición

Las sopas y guisos tienen una capacidad innata para calmar el alma y revitalizar el cuerpo. Cuando se elaboran con ingredientes saludables, se convierten en una fuente inagotable de nutrientes, lo que brinda un enfoque integral para ayudar a su cuerpo, incluido el hígado.

II. El papel del hígado y la necesidad de nutrición

El hígado, órgano clave responsable de muchos procesos metabólicos, se beneficia de una dieta rica en nutrientes que apoyan sus actividades. Las sopas y guisos saludables, repletos de verduras, carnes magras y hierbas beneficiosas, se convierten en una forma maravillosa de satisfacer las necesidades del hígado.

III. Ingredientes clave para la salud del hígado en sopas y guisos

1. Caldo de huesos

Beneficios: Rico en aminoácidos y colágeno, el caldo de huesos favorece la salud intestinal y proporciona nutrientes críticos para el hígado. También ayuda en los procesos desintoxicantes del organismo.

2. Verduras de hojas verdes

Beneficios: Las espinacas, la col rizada y la col rizada contienen una gran cantidad de vitaminas, minerales y antioxidantes que ayudan a la función hepática. También son abundantes en fibra, lo que ayuda al bienestar digestivo.

3.Verduras crucíferas

Beneficios: El brócoli, la coliflor y las coles de Bruselas tienen sustancias químicas que favorecen la desintoxicación del hígado. Su incorporación a las sopas añade sabor y beneficios nutricionales.

4. cúrcuma

Beneficios: La curcumina, el ingrediente principal de la cúrcuma, tiene propiedades antiinflamatorias y antioxidantes. Incluir cúrcuma en las sopas proporciona un método sabroso para mejorar la función hepática.

5. Proteínas magras

Beneficios: El pollo, el pavo, el tofu y las lentejas son buenas fuentes de proteínas necesarias para el mantenimiento de los músculos. Incluir proteínas magras en las sopas proporciona una comida bien equilibrada y satisfactoria.

IV. Recetas reconfortantes para la salud del hígado

1. Sopa de caldo de huesos de pollo y verduras

Ingredientes: huesos de pollo (como una carcasa de pollo completa), zanahorias, apio y cebolla, dientes de ajo, tomillo fresco y romero, espinacas o col rizada

Método: Cocine a fuego lento los huesos de pollo con verduras, ajo y hierbas para producir un delicioso caldo de huesos. Agregue verduras de hojas verdes para obtener nutrientes adicionales.

2. Estofado de lentejas y cúrcuma

Ingredientes: Lentejas rojas: cúrcuma en polvo, comino y cilantro, tomates cortados en cubitos, espinacas.

Método: Cocine lentejas rojas con cúrcuma, comino, cilantro y tomates en rodajas para obtener un guiso reconfortante. Agregue espinacas hacia el final para darle un impulso nutritivo.

3. Sopa de coliflor y brócoli con queso cheddar

Ingredientes: Floretes de coliflor y brócoli, Cebollas al ajillo, Caldo de verduras o pollo, Queso cheddar

Método: Saltee la cebolla y el ajo, agregue la coliflor, el brócoli y el caldo. Licue y luego agregue queso cheddar para obtener una sopa cremosa rica en verduras crucíferas.

4. Guiso de quinua con champiñones y espinacas

Ingredientes: Quinua, Champiñones variados, Cebolla y ajo, Caldo de verduras o ternera, Espinacas frescas.

Método: Cocine la quinua por separado. Saltee los champiñones, la cebolla y el ajo, luego agregue el caldo. Revuelva y agregue la quinua cocida y las espinacas frescas para obtener un guiso lleno de nutrientes.

5. Chile vegetariano con frijoles negros y col rizada:

Ingredientes: - Frijoles negros, Tomates con pimientos morrones, Chile en polvo y comino, Kale.

Método: Combine frijoles negros, tomates, pimientos morrones y especias para obtener un chile robusto. Agregue col rizada para obtener una oleada de nutrientes antes de servir.

V. Armonía culinaria y nutrición sabrosa

Crear sopas y guisos nutritivos pasa por encontrar el equilibrio entre sabores y ventajas nutricionales. La mezcla de deliciosos caldos, verduras robustas y hierbas aromáticas no sólo emociona el paladar sino que también brinda un enfoque holístico para apoyar su cuerpo.

VI. Consumo consciente y saciedad

Disfrutar atentamente de sopas y guisos te permite saborear cada cucharada, fomentando una sensación de satisfacción y contento. La calidez y riqueza de estos platos proporcionan no sólo nutrición física sino también una experiencia gastronómica relajante y atenta.

VII. Adaptación a las
preferencias dietéticas

Las sopas y guisos saludables se pueden adaptar fácilmente a muchas opciones dietéticas, incluidas las vegetarianas, veganas o sin gluten. La variedad de ingredientes permite modificaciones creativas al tiempo que garantiza la inclusión de componentes beneficiosos para el hígado.

VIII. Conclusión: sorber, saborear y nutrir

En conclusión, las sopas y guisos nutritivos son un monumento al arte de alimentar el cuerpo con comidas deliciosas y placenteras. Combinando componentes beneficiosos para el hígado, podrás transformar estos platos en una fuente de bienestar general. Entonces, tome un cucharón, aprecie la riqueza de cada comida y permita que la calidez de estas nutritivas recetas lo envuelva en una sinfonía de delicia gastronómica y salud del hígado.

Capítulo 8

Platos principales para fortalecer: elaboración de platos principales sabrosos y equilibrados para apoyar la salud del hígado

Los platos principales sirven como núcleo de una comida, brindando no solo nutrición sino también una oportunidad de infundir a las comidas componentes que mejoran la salud general, particularmente apoyando al hígado. En esta investigación, analizaremos la importancia de los platos principales para fortalecer, el impacto de componentes importantes en la salud del hígado y una colección de comidas deliciosas y equilibradas diseñadas para fortalecer su cuerpo mientras tentan sus papilas gustativas.

I. El papel crucial de los platos
principales en la alimentación

Los platos principales representan la
piedra angular de una comida completa
y aportan una variedad de nutrientes
necesarios para el funcionamiento
saludable del cuerpo. Cuando se
diseñan de manera inteligente, estas
comidas brindan una herramienta no
solo para saciar el hambre sino también
para ofrecer alimentos que nutren
órganos clave como el hígado.

II. Comprender la importancia de la salud del hígado en los platos principales

El hígado, un poderoso órgano responsable de diferentes actividades metabólicas, requiere nutrientes para funcionar al máximo. Los platos principales para fortalecer se convierten en una vía para introducir nutrientes esenciales, como proteínas magras, grasas saludables y alimentos ricos en antioxidantes, que mejoran la salud del hígado.

*III. Ingredientes clave para la
salud del hígado en los platos
principales*

1. salmón

Beneficios: Rico en ácidos grasos
omega-3, el salmón mantiene un perfil
lipídico saludable y tiene cualidades
antiinflamatorias, lo que mejora la
función hepática.

2. Quinua

Beneficios: La quinua, una fuente completa de proteínas, proporciona aminoácidos vitales necesarios para el mantenimiento de los músculos. También contiene fibra, mejorando la digestión.

3. batatas

Beneficios: Ricas en vitaminas, minerales y fibra, las batatas contribuyen al bienestar general. Sus carbohidratos complejos proporcionan energía prolongada.

4. Aves magras

Beneficios: El pollo y el pavo son excelentes proveedores de proteína magra, necesaria para la función y reparación de los músculos. También contienen vitamina B importante para la función hepática.

5. Verduras de hojas verdes

Beneficios: Las espinacas, la col rizada y las acelgas son ricas en vitaminas, minerales y antioxidantes. Promueven los mecanismos de desintoxicación del hígado.

IV. Platos principales sabrosos y equilibrados para la salud del hígado

1. Salmón A La Parrilla Con Limón Y Ajo

Ingredientes: Filetes de salmón, Zumo de limón fresco, Dientes de ajo, Aceite de oliva, Eneldo fresco.

Método: Marinar el pescado en jugo de limón, ajo picado y aceite de oliva. Ase hasta que esté cocido y decore con eneldo fresco para obtener un plato principal sabroso y beneficioso para el hígado.

2. Salteado de Quinua y Verduras
Ingredientes: Quinua cocida, Verduras mixtas (pimientos, brócoli, zanahorias), Tofu o tiras de pollo, Salsa de soja, Aceite de sésamo

Método: Saltear tofu o pollo con una variedad de verduras. Agregue la quinua cocida y mezcle con salsa de soja y aceite de sésamo para obtener un plato principal lleno de proteínas y rico en nutrientes.

3. Cazuela De Camote Al Horno Y Frijoles Negros

Ingredientes: papas, frijoles negros en rodajas, salsa, rodajas de aguacate, cilantro para decorar.

Método: Coloque capas de camote en rodajas y frijoles negros con salsa en una fuente para horno. Hornee hasta que las batatas estén suaves. Adorne con rodajas de aguacate y cilantro para obtener un plato agradable y saludable.

4. Pollo A La Parrilla Con Hierbas Y Limón

Ingredientes: Pechugas de pollo, Ralladura y jugo de limón, Hierbas frescas (romero, tomillo), Aceite de oliva.

Método: Marinar el pollo con ralladura de limón, jugo de limón, hierbas frescas y aceite de oliva. Ase hasta que esté bien cocido para obtener un plato principal sabroso y rico en proteínas.

5. Verduras salteadas con ajo y garbanzos

Ingredientes: Lechugas mixtas (espinacas, col rizada), Dientes de ajo picados, Garbanzos, Jugo de limón, Aceite de oliva.

Método: Saltee el ajo en aceite de oliva, agregue las verduras mixtas y los garbanzos. Cocine hasta que las verduras se ablanden. Termine con una pizca de jugo de limón para disfrutar de una cena sencilla pero llena de nutrientes.

V. Armonía culinaria y equilibrio nutricional

Lograr la armonía culinaria implica mezclar una variedad de sabores y texturas de una manera que no sólo emocione el paladar sino que también proporcione una variedad equilibrada de nutrientes. La incorporación de ingredientes variados en los platos principales permite un enfoque holístico para nutrir el cuerpo.

VI. Consumo consciente y control de porciones

La ingesta consciente de las comidas principales requiere disfrutar de cada bocado y prestar atención a los aromas y sensaciones. El control de las porciones es crucial para proporcionar una ingesta equilibrada de nutrientes, minimizando el exceso y optimizando las ventajas de los alimentos seleccionados.

VII. Adaptación a las preferencias y restricciones dietéticas

Los platos principales para fortalecer se pueden personalizar para adaptarse a diversas preferencias y limitaciones dietéticas, incluidos los vegetarianos, veganos, sin gluten o sin lácteos. La flexibilidad de los ingredientes permite modificaciones creativas manteniendo el énfasis en la salud del hígado.

VIII. Conclusión: Fortalecer el
bienestar, un plato principal a la
vez

En conclusión, los platos principales
para fortalecer son un monumento al
arte de alimentar el cuerpo con
comidas deliciosas y equilibradas. Al
elegir componentes reconocidos por su
buen impacto en la salud del hígado, se
embarca en un viaje para reforzar el
bienestar con cada bocado. Así que
prepara tu mesa, aprecia los potentes
sabores y deja que estos platos

principales se conviertan en una fuente
de fuerza y energía para tu cuerpo y tu
hígado.

Capítulo 9

Delicias vegetarianas: nutrir el
hígado con bondades
provenientes de plantas

Los placeres vegetarianos no sólo
ilustran las amplias y sabrosas
posibilidades de la nutrición basada en
plantas, sino que también ofrecen una
multitud de nutrientes que pueden
promover la función hepática. En esta
exploración, analizaremos la relevancia
de las comidas vegetarianas para

apoyar la función hepática, los nutrientes vegetales cruciales que son útiles para el hígado y una colección de deliciosas recetas sin carne diseñadas para nutrir su cuerpo desde adentro.

*I. El enfoque basado en plantas
para la salud del hígado*

Elegir una dieta vegetariana ofrece una gama de beneficios, desde un mayor consumo de fibra hasta una variedad de fitonutrientes y antioxidantes. Estos elementos contribuyen al bienestar general del cuerpo, incluido el apoyo a los procesos importantes del hígado.

*II. Comprender el impacto de los
ingredientes de origen vegetal
en la salud del hígado*

1. Alimentos ricos en fibra

Beneficios: Los cereales integrales, las legumbres y las verduras con alto contenido de fibra mejoran la digestión y promueven la salud intestinal, ayudando así al hígado.

2. Verduras de hojas verdes

Beneficios Las espinacas, la col rizada y las acelgas son ricas en clorofila y antioxidantes, ayudando en los procesos de desintoxicación del hígado.

3. Verduras crucíferas

Beneficios: El brócoli, la coliflor y las coles de Bruselas incluyen sustancias químicas que promueven la

desintoxicación del hígado y protegen
contra el estrés oxidativo.

4. Grasas saludables

Beneficios: El aguacate, las nueces y las
semillas aportan los ácidos grasos
necesarios, lo que favorece un perfil
lipídico equilibrado y la función
hepática general.

5. Proteínas de origen vegetal

Beneficios: Las legumbres, el tofu y el
tempeh aportan proteínas sin las grasas

saturadas presentes en algunos productos animales, lo que mejora la salud de los músculos sin sobrecargar el hígado.

III. Una sinfonía de delicias
vegetarianas para la nutrición
del hígado

1. Tazón Buda de quinua y frijoles negros

Ingredientes: Quinua - Frijoles negros, Verduras mixtas (pimientos morrones, tomates cherry, aguacate), Aderezo tahini

Método: Combine quinua cocida, frijoles negros y una mezcla de verduras frescas. Rocíe con un aderezo de tahini para obtener un tazón de Buda rico en proteínas y nutrientes.

2. Pimientos Rellenos Con Lentejas Y Arroz Integral

Ingredientes: Pimientos, Lenti, Arroz integral, Tomates con cebolla, Condimento italiano.

Método: Cocine las lentejas y el arroz integral. Saltee los tomates, las cebollas y el condimento italiano. Mézclelo con lentejas y granos cocidos y luego rellénelo con los pimientos morrones.

Hornee hasta que los pimientos estén suaves para una cena saludable y placentera.

3. Curry de garbanzos y espinacas con coco

Ingredientes: Garbanzos, Espinacas frescas, Leche de coco, Especias de curry (cúrcuma, comino y cilantro), Arroz basmati.

Método: Cocine a fuego lento los garbanzos, las espinacas, la leche de coco y las especias de curry para obtener un curry sabroso y caliente. Sirva sobre arroz basmati para una cena completa y nutritiva.

4. Moussaka de berenjenas y lentejas

Ingredientes: Rodajas de berenjena, Lentejas, Salsa de tomate, Salsa bechamel (elaborada con leche vegetal), Levadura nutricional

Método: Coloque capas de rodajas de berenjena con lentejas cocidas, salsa de tomate y salsa bechamel a base de plantas. Hornee hasta que burbujee y esté dorado para obtener una moussaka abundante y de origen vegetal.

5. Wrap de ensalada de aguacate y garbanzos

Ingredientes: Garbanzos, Aguacate, Tomates cherry - Hojas de lechuga, Integrales, wraps

Método: Triture los garbanzos y el aguacate y mezcle con los tomates cherry cortados en cubitos. Vierta en hojas de lechuga y envuélvalas con wraps integrales para obtener una cena refrescante y rica en nutrientes.

IV. Creatividad culinaria y
nutrición equilibrada

Las delicias vegetarianas son un lienzo
para la imaginación culinaria,
permitiendo la infusión de variados
sabores y texturas. Equilibrar el perfil
nutricional garantiza que estas comidas
sin carne contribuyan al bienestar
general, incluido el apoyo al hígado.

V. Alimentación consciente y disfrute

Comer conscientemente implica saborear cada comida, saborear los sabores y texturas de las delicias vegetarianas. Comer con intención crea una conexión más profunda con la comida y mejora toda la experiencia gastronómica.

VI. Adaptación a las preferencias dietéticas

Los platos vegetarianos se pueden adaptar fácilmente a otras necesidades dietéticas, incluidas las veganas, las sin gluten o las sin lácteos. La versatilidad de los componentes de origen vegetal permite realizar cambios creativos manteniendo el énfasis en la salud del hígado.

VII. Conclusión: saborear las bondades del bienestar impulsado por plantas

En conclusión, las delicias vegetarianas no sólo satisfacen diversas preferencias sino que también sirven como piedra angular para cultivar la salud del hígado. Al abrazar las bondades de las plantas, comienzas un viaje de degustación de sabores que no sólo complacen tu paladar sino que también contribuyen al bienestar de tu hígado. Entonces, explore el animado mundo de la cocina vegetariana, aprecie cada comida y deje que estas deliciosas recetas se conviertan en una fuente de alimento vegetal para su cuerpo y su hígado.

Capítulo 10

Selecciones de mariscos para omega-3: una sinfonía de sabores que nutren la salud del hígado

Deleitarse con mariscos ricos en omega-3 no es simplemente un placer culinario; es un viaje sabroso hacia el apoyo a la salud del hígado. Los ácidos grasos omega-3 que se encuentran en abundancia en ciertos tipos de pescado contribuyen a un perfil lipídico equilibrado y presentan características antiinflamatorias, lo que los convierte en un aliado dietético para el hígado.

1. La ventaja del omega-3 para la salud del hígado:

Los ácidos grasos omega-3, en particular el EPA (ácido eicosatetraenoico) y el DHA (ácido docosahexaenoico), desempeñan un papel vital en el apoyo a la función hepática. Estas grasas esenciales son conocidas por reducir la inflamación, apoyar la estructura celular y fomentar la eficiencia hepática óptima.

2. Opciones estelares de mariscos

Salmón: Un delicioso pescado rico en omega-3, el salmón ofrece un lienzo maravilloso para numerosas creaciones culinarias. Al horno, a la parrilla o escalfados, su adaptabilidad permite elegir platos que agradan al paladar y nutren el hígado.

Caballa: Rebosante de sabor, la caballa es una fuente inagotable de ácidos grasos omega-3. Su potente sabor lo convierte en una fantástica opción para platos a la parrilla, dándole un toque especial a tu repertorio de mariscos.

Sardinas: A menudo subestimadas, las sardinas aportan una gran cantidad de omega-3. Incorporarlos a ensaladas y pastas, o simplemente comerlos sobre tostadas integrales aumenta tanto el sabor como el contenido nutricional.

3. Recetas de mariscos ricas en omega-3

1) Salmón A La Parrilla Con Limón Y Hierbas

Ingredientes: Filetes de salmón, limón fresco, aceite de oliva, hierbas (romero, tomillo), ajo.

Método: Marinar el pescado en una mezcla de limón, aceite de oliva y hierbas. Ase a la perfección, creando un manjar sabroso y rico en omega-3.

2) Tacos de caballa con salsa de aguacate

Ingredientes: Filetes de caballa, tortillas de maíz, aguacate, tomate, cilantro, lima.

Método: Asa la caballa y prepara tacos con salsa de aguacate. El resultado es una maravillosa mezcla de omega-3 y sabores intensos.

3)   Pasta con sardinas y aceitunas

Ingredientes: Sardinas, pasta integral, aceitunas, tomates cherry, ajo.

Método: Saltear el ajo, agregar las sardinas, las aceitunas y los tomates cherry. Mezcle espaguetis integrales para disfrutar de una cena de inspiración mediterránea rica en omega-3.

4. Equilibrando el disfrute culinario y el bienestar

Si bien apreciamos estas selecciones de mariscos, es vital equilibrar el disfrute culinario con una alimentación sensata. Optar por comidas a la parrilla o al horno reduce las grasas adicionales, lo que le ayuda a disfrutar de todos los beneficios de los omega-3 sin comprometer el sabor.

5. Conclusión: saboreando la sinfonía de los omega-3

En conclusión, incluir mariscos ricos en omega-3 en su arsenal culinario es una aventura deliciosa que va más allá del sabor y mejora el bienestar del hígado. Ya sea que esté disfrutando de la suculencia del salmón a la parrilla, la robustez de la caballa o la simplicidad de las sardinas, cada plato se convierte en una sinfonía de sabores que trabajan en armonía para alimentar su hígado y mejorar su salud general. Entonces, embarque en un viaje culinario, aprecie la riqueza de los omega-3 y deje que sus selecciones de mariscos sean un monumento tanto al deleite gastronómico como a la nutrición amante del hígado.

Capítulo 11

Meriendas inteligentes para la
salud del hígado: nutrir el
cuerpo entre comidas

Comer refrigerios no tiene por qué ser
un hábito que induzca a sentir culpa; de
hecho, puede ser un elemento vital de
una dieta saludable para el hígado. Los
refrigerios inteligentes implican elegir
alternativas ricas en nutrientes que no
solo satisfagan los antojos sino que
también contribuyan al bienestar
general, estimulando las funciones
importantes del hígado.

1. La importancia de comer bocadillos conscientemente

Comer refrigerios conscientemente implica tomar decisiones decididas que coincidan con sus objetivos de salud. En lugar de optar por refrigerios sin calorías, elija alimentos que proporcionen contenido nutricional, que ayuden a mantener los niveles de energía y apoyen el hígado durante todo el día.

2. Opciones de refrigerios ricos en nutrientes

Nueces y semillas : Ricas en grasas saludables, las nueces como las almendras y las semillas como la chía y la linaza ofrecen un delicioso crujido al tiempo que ofrecen nutrientes críticos como los ácidos grasos omega-3.

Yogur griego con frutos rojos : rico en proteínas y probióticos, el yogur griego mezclado con frutos rojos frescos ofrece un refrigerio delicioso y saludable. Las bayas son ricas en antioxidantes, lo que ayuda aún más al hígado.

Palitos de verduras con hummus : Las verduras crujientes como las zanahorias y el pepino combinadas con hummus son un refrigerio maravilloso. El hummus agrega proteínas y fibra de origen vegetal, lo que contribuye a ser una alternativa completa y beneficiosa para el hígado.

3. Recetas de refrigerios aptos para el hígado

Tostada De Aguacate Sobre Pan Integral

Ingredientes: Pan integral, aguacate maduro, tomates cherry, aceite de oliva, sal, pimienta.

Método: Triture el aguacate sobre pan integral tostado y cubra con tomates cherry en rodajas. Rocíe con aceite de oliva y sazone con sal y pimienta para obtener un refrigerio delicioso y lleno de nutrientes.

Mezcla de frutos secos casera:

Ingredientes: Nueces mixtas, frutos secos, semillas, chispas de chocolate amargo.

Método: combine sus nueces, semillas y frutas secas favoritas. Agregue chispas de chocolate amargo para obtener una mezcla de frutos secos sabrosa y apta para el hígado.

Parfait de requesón y piña :

Ingredientes: Requesón, trozos de piña fresca, granola.

Método: coloque capas de requesón, trozos de piña fresca y granola para obtener un parfait tropical rico en proteínas que satisfará los antojos dulces.

4. Equilibrar el control de las porciones de refrigerios

Si bien los refrigerios son útiles, mantener el control de las porciones es crucial. Divida los refrigerios en porciones previas en recipientes pequeños o en bolsas del tamaño de un refrigerio para evitar excederse y asegurarse de disfrutar de una ingesta equilibrada de nutrientes.

5. Conclusión: refrigerios con propósito y sabor

En conclusión, comer snacks de forma inteligente es un comportamiento que combina elecciones deliberadas con sabores exquisitos, contribuyendo tanto a la satisfacción del paladar como al bienestar del hígado. Al incluir refrigerios ricos en nutrientes en su rutina, no solo reduce los antojos sino que también le ofrece a su cuerpo los ingredientes críticos que necesita para funcionar de manera eficiente. Por lo tanto, tome un refrigerio con concentración, aprecie las bondades de las opciones saludables y deje que su experiencia con los refrigerios inteligentes sea un monumento a la armonía entre el sabor y la salud.

Capítulo 12

Dulces con un propósito:
elaboración de postres que
nutren y deleitan

Disfrutar de los postres no tiene por
qué ser un placer culpable; puede ser
una oportunidad para resaltar los
componentes que ayudan al hígado y al
mismo tiempo gratifican su sabor dulce.
Al utilizar ingredientes cuidadosamente
seleccionados, puedes preparar postres
que no sólo deleiten tu sentido del
gusto sino que también contribuyan a
tu bienestar general.

1. El arte de la selección consciente de postres

La elección consciente de los postres implica elegir componentes que combinen con una dieta saludable para el hígado. Al seleccionar los dulces con un propósito, podrás disfrutar de la deliciosa sensación del postre y al mismo tiempo brindarle a tu cuerpo nutrientes que apoyan la función hepática.

2. Ingredientes beneficiosos para postres aptos para el hígado

a. Bayas Repletas de antioxidantes, las bayas como los arándanos, las fresas y las frambuesas ayudan a la salud del hígado y añaden ricos sabores a los postres.

b. Chocolate amargo: Rico en flavonoides, el chocolate amargo, si se toma con moderación, puede tener beneficios antioxidantes y antiinflamatorios, lo que lo convierte en un excelente complemento para las delicias beneficiosas para el hígado.

C. Frutos secos y semillas: las almendras, las nueces, las semillas de chía y las semillas de lino son fuentes maravillosas de grasas y nutrientes saludables. Incorporarlos a los dulces proporciona un delicioso crujido y un valor nutritivo.

3. Recetas de postres con ingredientes beneficiosos para el hígado

a. Parfait de frutos rojos con yogur griego

Ingredientes: bayas mixtas, yogur griego, miel, granola.

Método: coloque capas de bayas mixtas con yogur griego, rocíe con miel y espolvoree granola para obtener un parfait refrescante y agradable para el hígado.

b. Racimos de chocolate amargo y nueces

Ingredientes: Chocolate negro, mezcla de frutos secos (almendras, nueces), sal marina.

Método: Derrita el chocolate amargo, mezcle las nueces y luego coloque los racimos sobre papel pergamino. Espolvorea con sal marina para disfrutar de un capricho lujoso pero saludable.

C. Budín de semillas de chía con mango

Ingredientes: Semillas de chía, leche de almendras, miel, mango.

Método: Mezclar las semillas de chía con leche de almendras y miel, refrigerar hasta que estén firmes. Cubra con mango fresco para obtener un pudín cremoso y nutritivo.

4. Equilibrio entre el dulzor y el valor nutricional

Equilibrar el dulzor con el contenido nutritivo es crucial para producir postres con un propósito. Al mezclar alimentos integrales y edulcorantes conscientes, puede disfrutar de lo mejor de ambos mundos: sabores maravillosos y beneficios beneficiosos.

5. Conclusión: Los postres como final nutritivo

En conclusión, los postres con un propósito cambian la experiencia dulce al adoptar ingredientes que priorizan la salud del hígado sin comprometer el sabor. Cada capricho se convierte en un momento para experimentar las bondades de opciones ricas en nutrientes, que contribuyen a su bienestar general. Entonces, explora el mundo de los dulces con intención, saborea la sinfonía de sabores y deja que tus dulces sean un final encantador

que nutra tanto tu gusto como tu
hígado.

Capítulo 13

Bebidas para la desintoxicación del hígado: bebiendo para obtener una vitalidad renovada

Embarcarse en un estilo de vida consciente del hígado no significa comprometer el sabor. Con las bebidas adecuadas, no sólo puedes saciar tu sed sino también ayudar a las actividades de limpieza natural de tu hígado. Estas deliciosas bebidas están diseñadas con componentes conocidos por sus efectos limpiadores, convirtiendo la hidratación en una experiencia revitalizante.

1. La sinfonía de la desintoxicación del hígado

El hígado desempeña una función fundamental en la desintoxicación del cuerpo al digerir y eliminar contaminantes. Las bebidas que ayudan en este proceso se convierten en aliadas para favorecer el buen funcionamiento del hígado y el bienestar general.

Ingredientes desintoxicantes para bebidas beneficiosas para el hígado

a. Té verde: Rico en antioxidantes, el té verde ayuda al funcionamiento del hígado ayudando en el proceso de desintoxicación. También incluye catequinas, conocidas por sus efectos protectores sobre las células del hígado.

b. Agua de Limón: La simple mezcla de limón y agua es un potente desintoxicante. Los limones contienen ácido cítrico, que promueve enzimas que apoyan los procesos de desintoxicación del hígado.

C. Té de diente de león: el té de diente de león se ha utilizado tradicionalmente para mejorar la salud del hígado. Estimula el hígado y mejora la eliminación de toxinas del organismo.

Recetas refrescantes para
desintoxicar el hígado

a. Batido Detox Verde

Ingredientes Espinacas, col rizada, pepino, manzana verde, jugo de limón, agua.

Método: Licue los ingredientes hasta que quede suave para obtener un batido verde colorido que brinda un impulso nutritivo al mismo tiempo que promueve la desintoxicación del hígado.

b. Té detox de cúrcuma y jengibre

Ingredientes: Cúrcuma, jengibre, limón, miel, agua caliente.

Método: Remoje la cúrcuma y el jengibre en agua hirviendo, agregue limón y miel para obtener un té calmante y limpiador que calienta y revitaliza.

C. Agua con infusión de pepino y menta

Ingredientes: Rodajas de pepino, hojas de menta, agua, hielo.

Método: Combine las rodajas de pepino y las hojas de menta en agua y déjelas en infusión. Sirva con hielo para disfrutar de una bebida desintoxicante agradable e hidratante.

*Incorporar bebidas detox a tu
rutina*

Integrar estas bebidas en su rutina
diaria es un método simple pero eficaz
para enfatizar la salud del hígado. Ya sea
que se consuman como refresco por la
mañana o como estimulante por la
tarde, estas bebidas ayudan a la
hidratación y desintoxicación general.

Bebe, desintoxica y prospera

En conclusión, las bebidas para desintoxicar el hígado aportan una sabrosa profundidad a tu camino de bienestar. Al adoptar bebidas preparadas con ingredientes desintoxicantes, no solo deleitará sus sentidos gustativos sino que también le brindará a su hígado la ayuda que necesita. Entonces, bebe, desintoxica y prospera, haciendo de la hidratación una parte vital de tu estilo de vida consciente del hígado.

Capítulo 14

*Planificación de comidas para el
control de la cirrosis: elaboración
de menús repletos de nutrientes
para apoyar el hígado*

La planificación de las comidas se
convierte en un aspecto crucial del
tratamiento de la cirrosis y ofrece la
oportunidad de nutrir el cuerpo con
alimentos que favorecen la salud del
hígado. Con opciones estratégicas y un
enfoque bien estructurado, puede

optimizar sus comidas para
proporcionar los nutrientes necesarios
y al mismo tiempo afrontar los desafíos
asociados con la cirrosis.

1. Priorizar la densidad de nutrientes

Concéntrese en alimentos ricos en nutrientes para asegurarse de que cada bocado cuente. Incorpora una variedad de frutas y verduras coloridas, cereales integrales, proteínas magras y grasas saludables. Estos alimentos proporcionan vitaminas, minerales y antioxidantes esenciales vitales para el bienestar general.

2. Opte por proteínas magras

Incluya fuentes de proteínas magras como aves, pescado, tofu y legumbres en sus comidas. La proteína es crucial para mantener la masa muscular y apoyar los procesos de curación del cuerpo, que pueden verse comprometidos en personas con cirrosis.

3. Controle la ingesta de sodio

La cirrosis puede provocar retención de líquidos e hinchazón, y controlar la ingesta de sodio se vuelve crucial. Elija alimentos frescos e integrales en lugar de opciones procesadas y sazone los platos con hierbas y especias en lugar de sal. Esto ayuda a mantener un equilibrio en los niveles de líquidos.

4. Adopte los cereales integrales

Incorpora cereales integrales como arroz integral, quinua y trigo integral a tus comidas. Estos granos proporcionan fibra, promueven la salud digestiva y ayudan a controlar las afecciones a menudo asociadas con la cirrosis, como el estreñimiento.

5. Incluya grasas saludables

Incorpora fuentes de grasas saludables, como aguacates, nueces y aceite de oliva. Estas grasas proporcionan ácidos grasos esenciales y contribuyen al equilibrio nutricional general sin sobrecargar el hígado.

6. Manténgase hidratado

Una hidratación adecuada es crucial para la salud del hígado. Consume agua y bebidas hidratantes durante todo el día. Limitar o evitar el alcohol es especialmente importante, ya que puede exacerbar el daño hepático.

7. Comidas pequeñas y frecuentes

Opte por comidas más pequeñas y frecuentes en lugar de comidas abundantes y pesadas. Este enfoque ayuda a controlar los niveles de energía, favorece la digestión y puede resultar más cómodo para las personas con cirrosis.

8. Limite los azúcares añadidos

Reducir la ingesta de azúcares añadidos es beneficioso para la salud en general, especialmente cuando se trata de la cirrosis. opte por el dulzor natural de las frutas y limite los dulces procesados para favorecer la función hepática.

9. Colaborar con un profesional sanitario

Las necesidades dietéticas individuales pueden variar y es esencial colaborar con un profesional de la salud o un dietista registrado. Pueden brindar orientación personalizada basada en condiciones de salud específicas y objetivos de manejo de la cirrosis.

10. Cambios graduales para el éxito a largo plazo

Implementar cambios de manera gradual y consistente es clave para el éxito a largo plazo. Los ajustes sostenibles en sus hábitos alimentarios, combinados con un seguimiento regular y apoyo sanitario, contribuyen a un tratamiento óptimo de la cirrosis. En conclusión, la planificación de las comidas para el tratamiento de la cirrosis implica tomar decisiones intencionales y centradas en los nutrientes. Al priorizar los alimentos integrales y no procesados y adoptar un enfoque bien equilibrado, se crea una base para apoyar la salud del hígado y el bienestar general. Consulte siempre con profesionales de la salud para obtener asesoramiento personalizado adaptado a sus necesidades de salud específicas.

Capítulo 15

Celebrando el equilibrio: elaborando comidas completas para una cocina consciente de la cirrosis

Al reunir las ideas de la cocina consciente de la cirrosis, celebrar el equilibrio consiste en disfrutar de comidas deliciosas y completas que priorizan la salud del hígado sin comprometer el sabor. Al armonizar ingredientes ricos en nutrientes y decisiones culinarias conscientes, estas comidas se convierten en una celebración del delicado equilibrio entre nutrición y sabor.

1. La sinfonía de ingredientes ricos en nutrientes

Las comidas completas para el control de la cirrosis son una sinfonía de ingredientes coloridos y ricos en nutrientes. Adopte una paleta de frutas y verduras brillantes, proteínas magras, cereales integrales y grasas saludables. Esta diversidad asegura un espectro de nutrientes clave necesarios para la función hepática adecuada.

2. Las proteínas como latidos del corazón

Coloque las proteínas magras en el centro de su comida, ya sea salmón, pollo, tofu o lentejas a la parrilla. Las proteínas son los componentes básicos para el mantenimiento de los músculos y desempeñan un papel fundamental en el apoyo a los procesos de curación del cuerpo, particularmente importante para las personas que padecen cirrosis.

3. Elenco de apoyo de cereales integrales

Integre cereales saludables como la quinua, el arroz integral y la cebada en sus comidas. Estos cereales no sólo aportan fibra para la salud digestiva, sino que también proporcionan energía continua, fomentando una sensación de saciedad y satisfacción.

4. Frutas y verduras en todos los tonos

Celebre el caleidoscopio de tonos que ofrecen las frutas y verduras. Estas maravillas naturales son ricas en antioxidantes, vitaminas y minerales que apoyan la función hepática y contribuyen al bienestar general.

5. Grasas saludables para la armonía culinaria

Mejore el perfil de sabor con grasas saludables de fuentes como aguacates, almendras y aceite de oliva. Estas grasas no sólo añaden riqueza a sus comidas sino que también aportan ácidos grasos vitales sin sobrecargar el hígado.

6. Condimento consciente para un crescendo sabroso

Realza tus platos con hierbas y especias, reemplazando la sal innecesaria. Este atento enfoque al condimento aumenta el sabor y al mismo tiempo contribuye a la salud general, especialmente cuando se trata la retención de líquidos relacionada con la cirrosis.

7. Hidratación como final

Completa la fiesta con hidratación. El agua, las infusiones y las bebidas refrescantes contribuyen al bienestar general y son necesarios para favorecer los procesos de desintoxicación del hígado.

8. Creatividad y personalización culinaria

Abrace la creatividad culinaria y modifique sus comidas según sus preferencias y restricciones nutricionales. La flexibilidad de los alimentos para personas con cirrosis permite numerosas adaptaciones manteniendo los conceptos esenciales de una dieta saludable para el hígado.

9. Compartir la fiesta del bienestar

Celebrar el equilibrio se extiende más allá del plato individual. Comparta estas comidas integrales y conscientes de la cirrosis con sus seres queridos, brindando un ambiente donde todos puedan disfrutar juntos de opciones excelentes y nutritivas.

En conclusión, celebrar el equilibrio en la alimentación consciente de la cirrosis es un testimonio del arte de preparar comidas que promuevan tanto la salud como el disfrute. Al mezclar una variedad de ingredientes ricos en nutrientes, se crea un festín que no solo favorece la salud del hígado sino que también deleita los sentidos. Entonces, disfrute de la armoniosa combinación de sabores, comparta la fiesta del bienestar y deje que cada comida sea una celebración del equilibrio en su viaje hacia una salud óptima.

Conclusión: saboreando el viaje
de la cocina contra la cirrosis

En nuestra investigación sobre la cocina con cirrosis, el viaje culinario ha sido un testimonio del poder transformador de la alimentación consciente. Desde aprender la influencia de la cirrosis en la salud del hígado hasta sumergirse en una sinfonía de recetas saludables para el hígado, esta aventura gourmet ha sido una celebración tanto del sabor como del bienestar.

Cada composición diseñada con cuidado se convierte en una paleta de nutrientes destinados a apoyar la función hepática óptima. Desde refuerzos para el desayuno hasta sopas nutritivas, ensaladas, platos principales y delicias vegetarianas, cada artículo ha sido preparado deliberadamente para nutrir el cuerpo y emocionar los sentidos.

Esta colección de recetas va más allá de las obras maestras culinarias ordinarias; es una guía para un estilo de vida que celebra el delicado equilibrio entre el gusto y la salud. Al reconocer el valor de los productos ricos en nutrientes, la necesidad de hidratación y el impacto de los sabores variados, Cirrosis Cuisine emerge como más que un libro de cocina: es un enfoque holístico para disfrutar la vida.

A medida que completamos este viaje gastronómico, dejemos que cada receta sea un recordatorio de que sustentar nuestros cuerpos, especialmente cuando se trata de controlar la cirrosis, es un arte. Se trata de saborear lo bueno de cada comida, abrazar la riqueza de los ingredientes variados y, sobre todo, desarrollar una conexión fundamental entre los alimentos que consumimos y el bienestar de nuestro hígado.

Cirrosis Cuisine es una invitación a experimentar el viaje de una alimentación consciente de la salud, a disfrutar de la inventiva culinaria que respalda la salud del hígado y a celebrar la síntesis armónica del sabor y la energía. Entonces, al finalizar el capítulo sobre estas nutritivas recetas, que cada lector encuentre inspiración, deleite y un compromiso renovado para apreciar el viaje de Cirrosis Cuisine, un viaje que va más allá de la cocina y se

convierte en un estilo de vida que
nutre, cura y trae. hacia adelante la
plenitud del bienestar.

Made in United States
North Haven, CT
06 June 2025

69523694R00137